Electricidad

lógica

escrito por Suzanne Lyons
adaptado por Francisco J. Hernández

Tabla de contenido

Introducción

¡Un destello! El relámpago cruza con rapidez el cielo. ¿Qué es este fenómeno de la naturaleza?

Es electricidad y la usas todos los días: cuando conectas una tostadora, hablas por teléfono o enciendes el televisor. Hoy en día el mundo funciona con electricidad. Pero hace poco, la gente descubrió lo que en realidad era la electricidad y cómo podía usarla. De hecho, la mayoría de los aparatos eléctricos se inventaron en los últimos 75 años.

En la naturaleza existen otros ejemplos de electricidad.

Los tiburones se comunican al enviar señales eléctricas a través del agua. La anguila eléctrica produce impulsos eléctricos para aturdir a su presa y para defenderse. Esos impulsos son tan fuertes que pueden matar ¡a un caballo!

Tu cuerpo es impulsado por electricidad. Cuando levantas tu mochila, señales eléctricas viajan desde tu cerebro por tus células nerviosas en tu médula espinal hasta las células musculares en tu brazo. Cuando las células musculares reciben el mensaje eléctrico, se contraen y levantan la carga.

1 ¿Cuántas veces al día usas algún aparato eléctrico? Haz una lista de todos los aparatos eléctricos que usas en un día (24 horas). Combina tus datos con los de tus compañeros. Haz una gráfica de barras que muestre los aparatos en el eje horizontal. El eje vertical debe mostrar cuántos estudiantes usan cada aparato. Lee la gráfica. ¿Qué aparatos eléctricos se usan con más frecuencia?

Un relámpago es una descarga eléctrica.

La electricidad hace que se enciendan las luces y que gire la rueda de la fortuna.

¿Qué es la electricidad?

Los **electrones**, que son partículas diminutas dentro de los átomos, producen electricidad. Para entender qué es la electricidad, necesitas saber acerca de los átomos y los electrones que contienen.

Todo está formado por átomos. Hay unos 100 tipos diferentes de átomos en el universo. Pero los átomos se combinan de distintas maneras para formar todo lo que ves, tocas, hueles, oyes y pruebas; desde las nubes, hasta tus huesos.

Un átomo tiene un centro, o núcleo. Dentro del núcleo hay partículas llamadas neutrones y protones. Los distintos tipos de átomos contienen diferente número de protones. También pueden contener diferente número de neutrones. Alrededor del núcleo giran los electrones.

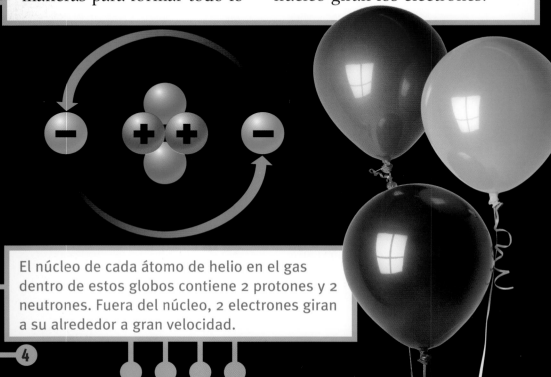

El núcleo de cada átomo de helio en el gas dentro de estos globos contiene 2 protones y 2 neutrones. Fuera del núcleo, 2 electrones giran a su alrededor a gran velocidad.

Los átomos son tan pequeños que necesitarían más de un millón para abarcar el grosor de un cabello humano. Los protones y los neutrones son aún más pequeños y los electrones todavía más.

Algunas partículas en los átomos tienen una carga eléctrica. Los electrones tienen una carga eléctrica negativa (-); los protones tienen una carga positiva (+). Un átomo por lo general tiene el mismo número de protones y de electrones.

Mira el átomo de helio en la página 4. ¿Puedes ver que tiene 2 protones y 2 electrones? Cada protón tiene una unidad de carga positiva y cada electrón tiene una unidad de carga negativa. Por lo tanto, un átomo de helio tiene una carga eléctrica total de $+2 + (-2) = 0$. En otras palabras, el helio es eléctricamente neutro.

¡RESUÉLVELO!

2a. Un átomo neutro de oro contiene 79 protones. ¿Cuántos electrones contiene?

2b. Los átomos a veces pierden electrones. Si un átomo pierde un electrón, ¿tendrá una carga positiva, una carga negativa o será neutro?

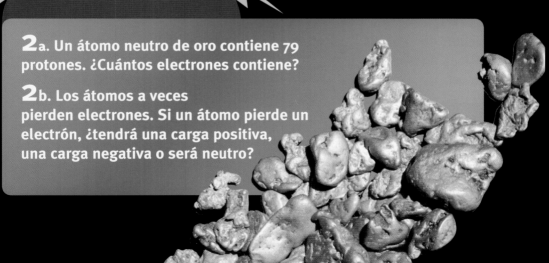

Los opuestos se atraen

Los objetos con carga eléctrica se atraen o se repelen entre ellos. Las partículas con la misma carga eléctrica se repelen, o se alejan una de la otra. Dos cargas eléctricas positivas se repelen. Dos cargas negativas también se repelen.

Las partículas con cargas eléctricas diferentes se atraen. Esto significa que una carga positiva y una carga negativa se atraen. Un protón y un electrón se atraen. El diagrama muestra cómo los objetos con carga se atraen o se repelen.

Si frotas un globo con un suéter de lana, el globo adquiere carga negativa. Entonces al globo lo atraen las cargas positivas de la pared, por lo que el globo se pega a la pared. Intenta este "truco de magia" científica tú mismo.

Las partículas con la misma carga eléctrica se repelen. Las partículas con cargas eléctricas diferentes se atraen.

Electricidad estática

A veces las cargas eléctricas se acumulan en un objeto. En el "truco de magia" del globo y el suéter, las cargas negativas pasaron del suéter al globo. La carga se acumuló en el globo y se quedó allí.

La carga eléctrica que se acumula en un objeto y no se mueve se llama **electricidad estática**. Tal vez has visto cómo se acumula la electricidad estática en la ropa que sale de la secadora.

A veces, la transferencia de carga es tan grande que puedes ver una chispa, escuchar un chasquido o sentir una descarga. Puedes quedar con carga negativa al caminar por una alfombra si los electrones de la alfombra se te acumulan. Si tocas la perilla metálica de una puerta, los electrones "saltan" a través del aire a la perilla. ¡Zaz! Sientes una descarga.

¡RESUÉLVELO!

3 Supón que te peinas y los electrones pasan de tu pelo al peine. ¿El peine tiene ahora una carga positiva, negativa o neutra? ¿Y tu pelo?

Una descarga de electricidad estática se puede ver como una chispa, a menudo espectacular.

Corriente eléctrica

Los protones y los neutrones están fijos en el núcleo de un átomo; no se mueven mucho. Pero los electrones tienen mucha energía y se mueven con rapidez alrededor del núcleo. Por lo general, los electrones permanecen en el átomo. Pero a veces se sienten repelidos y brincan de un átomo a otro. Así, los electrones se convierten en un flujo de cargas eléctricas que pasa por un material. Dicho flujo de cargas eléctricas se llama **corriente eléctrica** o electricidad corriente. La corriente eléctrica se mide en unidades llamadas **amperios**.

Algunos materiales permiten que la corriente eléctrica pase por ellos con facilidad. Estos se llaman **conductores**. El cobre es un buen conductor. Los cables eléctricos a menudo se hacen de cobre.

¡RESUÉLVELO!

4 Supón que una corriente de 2 amperios fluye por el alambre A, una corriente de 4 amperios fluye por el alambre B y una corriente de 12 amperios fluye por el alambre C.

a. ¿Cuántas veces es mayor la corriente en C que la corriente en A? ¿La corriente en C que la corriente en B? b. ¿Cuál es la razón de la corriente en B a la corriente en A? ¿B a C?

Los metales como el cobre son buenos conductores. Es por eso que los cables eléctricos por lo regular están hechos de cobre. El cable está cubierto con plástico, el cual es un aislante. ¿Cuál podría ser el motivo de esto?

Otros materiales son **aislantes** eléctricos: no permiten que la corriente eléctrica pase muy bien por ellos. El hule y la madera son buenos aislantes.

Los conductores proporcionan una trayectoria para que fluyan las cargas eléctricas. La trayectoria formada por un conductor para que pase la corriente se llama **circuito**. Un circuito es un recorrido completo y sin interrupciones. La corriente no fluye por un circuito a menos que esté completo, o cerrado.

¡RESUÉLVELO!

5 Las pilas son fuentes de corriente eléctrica. Dan a las cargas eléctricas un impulso a lo largo de un circuito.

Compara la vida útil de las distintas pilas que se muestran a continuación. ¿Duran más si se dejan puestas o si se usan de vez en cuando? ¿Todas las marcas funcionan de esta manera?

VIDA ÚTIL PROMEDIO DE PILAS C DE ALTO RENDIMIENTO

Marca	La pila se deja puesta	Pilas usadas de vez en cuando
A	6.6 horas	58.2 horas
B	5.8 horas	52.4 horas
C	7.2 horas	66.3 horas
D	3.8 horas	45.4 horas
E	3.9 horas	44.6 horas

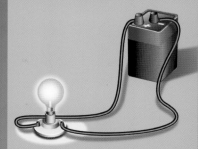

¿Qué hace que los electrones fluyan?

El flujo de las cargas eléctricas, o la corriente, es muy parecido al flujo del agua a través de una tubería. El agua fluye de un extremo al otro de la tubería debido a una diferencia de presión en los extremos. El agua va de una zona de alta presión a una zona de baja presión.

De un modo similar, la corriente fluye de una zona de alta presión eléctrica a una zona de baja presión eléctrica. Pero para la presión eléctrica se usa un nombre diferente, se le llama **tensión** eléctrica.

Cuando hay una diferencia en la tensión de manera que uno de los extremos de un conductor tenga una tensión mayor que el otro extremo, la corriente fluirá a través del conductor. Esta diferencia en la tensión eléctrica que hace que fluya la corriente se llama **voltaje**.

¡PRIMICIAS FAMOSAS!

Alessandro Volta, que nació en 1745 en Italia, inventó el electróforo en 1775. Este dispositivo genera y almacena electricidad estática. En 1800, Volta inventó la primera pila eléctrica, que permitió a los científicos estudiar la corriente eléctrica. El **voltio**, la unidad de la tensión eléctrica, se llama así en honor a Volta.

6 ¿Entiendes la diferencia entre corriente y voltaje? Mira los diagramas. Muestran cuatro combinaciones diferentes de corriente y voltaje. Cada estudiante representa la corriente. Cada mochila representa el voltaje. Usa las palabras "bajo(a)" y "alto(a)" para describir cada diagrama.

A.

B.

C.

D.

Puedes pensar en el voltaje como un "impulso" que se aplica a los electrones dentro de un circuito. Mientras más alto sea el voltaje, mayor será el impulso o presión aplicada a cada electrón.

No confundas voltaje con corriente. No son lo mismo. El voltaje se relaciona con

es decir, la cantidad de impulso que recibe a lo largo del circuito. La corriente es la medida del número de electrones en movimiento y su velocidad. Los diagramas de esta página te van a ayudar a entender la manera en que la corriente es diferente del voltaje.

¿Qué bloquea el flujo de electrones?

¿Qué determina cuánta corriente fluye en un circuito? Por supuesto, parte de la respuesta es el voltaje. Pero hay algo más. El otro factor que determina el flujo de corriente se llama **resistencia**. La resistencia es la oposición de un material al flujo de electrones. Mientras mayor sea la resistencia, menor será la corriente.

Todos los materiales, incluidos los buenos conductores, tienen algo de resistencia. La resistencia depende de la composición, longitud, grosor y temperatura del conductor.

Un circuito típico tiene muchas partes diferentes, cada parte con una resistencia distinta. Los alambres que llevan la corriente por lo general tienen poca resistencia. Pero una computadora, una lámpara u otro aparato tienen mayor resistencia. La unidad de resistencia es el **ohmio**.

¡PRIMICIAS FAMOSAS!

George Simon Ohm nació en Alemania en 1787. Tenía un gran talento para las matemáticas, pero no era un estudiante responsable. Abandonó la universidad antes de obtener un doctorado. Fue maestro de preparatoria de física y matemáticas. Por fortuna, desde niño sintió fascinación por la electricidad y más tarde inició la investigación que a la larga dio origen a la Ley de Ohm.

Los radios, los televisores, los teléfonos y otros aparatos eléctricos usan elementos de circuito llamados resistencias (derecha) para controlar el flujo de corriente a las distintas partes de sus circuitos.

El voltaje, la corriente y la resistencia están relacionados

Tal vez ahora ya comprendes que la corriente que fluye por un circuito depende del voltaje y la resistencia. Una fórmula llamada **Ley de Ohm** muestra la relación entre el voltaje, la resistencia y la corriente. La Ley de Ohm establece:

corriente = voltaje ÷ resistencia.

Dos formas equivalentes de expresar esta fórmula son:

voltaje = corriente x resistencia

y resistencia = voltaje ÷ corriente.

Por ejemplo: Supón que una tostadora tiene 20 ohmios de resistencia. ¿Cuánta corriente pasa cuando se aplica un voltaje de 120 voltios al circuito? La fórmula a usar es:

corriente = voltaje ÷ resistencia

corriente = 120 voltios ÷ 20 ohmios corriente = 6 amps.

Por lo tanto está pasando una corriente de 6 amps por la tostadora.

¡RESUÉLVELO!

7 **¿Cuánta corriente necesitan estos aparatos para funcionar? Es fácil encontrar la respuesta si sabes el voltaje y la resistencia y usas la Ley de Ohm.**

¿Cuánta corriente pasa a través de una lámpara que tiene una resistencia de 100 ohmios cuando se aplican 50 voltios al circuito?

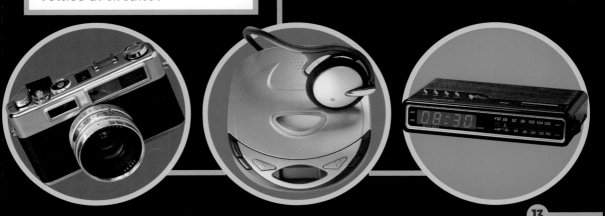

CAPÍTULO 3

Dos tipos de circuitos

Existen dos tipos de circuitos por los cuales puede fluir la electricidad. Varían en la forma en que están organizados los aparatos que los forman y en el número de trayectorias que tiene que seguir la corriente en el circuito.

Circuitos en serie

A veces, en un circuito sólo hay una trayectoria por la que puede fluir la corriente. En este caso, los electrones tienen que pasar por todo el recorrido. Este tipo de circuito se llama **circuito en serie**.

En el diagrama de un circuito en serie, las cargas que fluyen desde la pila sólo tienen una trayectoria por la cual fluir. Deben fluir desde el extremo negativo de la pila a través de cada foco y luego hasta el extremo positivo de la pila para formar un circuito cerrado.

Si se funde uno de los focos, la corriente ya no puede pasar. Hay una interrupción en la trayectoria conductiva. La corriente no fluye por ninguno de los focos y éstos no encenderán.

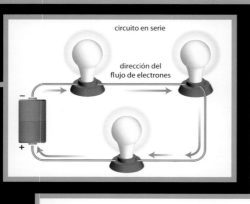

circuito en serie

dirección del flujo de electrones

En un circuito en serie, la corriente sólo tiene una ruta que seguir. Los sistemas de seguridad de las casas y oficinas están conectados en serie. ¿Puedes explicar por qué?

8 Si tres focos están conectados en serie, ¿qué le pasa a la luminosidad de cada foco si se agrega otro foco al circuito?

La resistencia total que este circuito ofrece es la suma de las resistencias individuales de cada elemento.

¿Cuánta corriente fluye a través de cada foco en una hilera de luces conectadas en serie? Como la corriente sólo tiene un camino para fluir, la corriente en cada foco debe ser la misma. La corriente no se "atora" o "acumula" en alguna parte del circuito.

¿Cuánta resistencia tiene un circuito en serie? La corriente que pasa por un circuito en serie encuentra resistencia en el primer dispositivo, el segundo dispositivo y así sucesivamente. Por lo tanto la resistencia total es la suma de las resistencias individuales.

En cada resistencia hay una "caída de voltaje". En otras palabras, el voltaje disminuye con cada resistencia que encuentra la corriente en su camino a lo largo del circuito. El total de todas las pérdidas de voltaje es igual al voltaje inicial suministrado al circuito por la pila u otra fuente de energía.

Circuitos en paralelo

Cuando entras en la cocina y enciendes la luz, ¿también se encienden la tostadora y el horno? No lo hacen porque no están conectados en serie. Estos aparatos están conectados en un tipo de circuito distinto: un **circuito en paralelo**.

El diagrama muestra tres focos conectados en paralelo. En esta configuración, existe más de una trayectoria posible que la corriente puede tomar en su camino por un recorrido cerrado. ¿Puedes ver que las cargas eléctricas pueden pasar por cualquiera de los focos en el circuito sin tener que pasar por los demás para completar una trayectoria cerrada?

¿Qué pasa si se funde uno de los focos en un circuito en paralelo? Los demás focos siguen encendidos. Cada foco funciona con corriente en una sección diferente del circuito. Por lo tanto cada foco funciona de manera independiente.

En un circuito en paralelo, la corriente puede fluir a través de más de una trayectoria en su camino por el circuito.

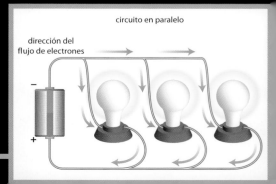

circuito en paralelo

dirección del
flujo de electrones

Thomas Alva Edison es un gigante en la historia de la ciencia y la tecnología. Nació en Ohio en 1847, aprendió electricidad cuando era niño. Su primer invento, un telégrafo que imprimía los precios de las acciones, se vendió en Wall Street por una pequeña fortuna. Con sus ganancias, pus en marcha el primer laboratorio de investigación tecnológica de los Estados Unidos. Allí, inventó fonógrafo, el foco eléctrico, las primeras película y muchas otras cosas, incluyendo el papel encerado. En total, Edison poseía alrededor de 1,100 patentes.

¿La corriente es la misma en cada sección de un circuito en paralelo? No, la corriente total se divide en flujos separados. La corriente fluye con mayor facilidad cuando hay menos resistencia. Esto significa que mientras menor sea la resistencia, mayor será la corriente y mientras mayor sea la resistencia, menor será la corriente. Esto obedece la Ley de Ohm.

Una lámpara con 100 ohmios de resistencia está conectada en paralelo con una lámpara con 50 ohmios de resistencia. Compara las corrientes. La Ley de Ohm establece: corriente = voltaje ÷ resistencia. La corriente que pasa por la lámpara de 50 ohmios es el doble que en la lámpara de 100 ohmios.

¡RESUÉLVELO!

9 Dos lámparas están conectadas en paralelo. Una tiene 40 ohmios de resistencia; la otra tiene 80 ohmios de resistencia. ¿Qué lámpara brillará con mayor intensidad?

CAPÍTULO 1

De la central eléctrica a tu casa

Hasta ahora has aprendido mucho acerca de la electricidad: los flujos de cargas eléctricas son la corriente eléctrica y la corriente se mueve por circuitos que contienen toda clase de aparatos. La corriente lleva energía eléctrica que los aparatos usan para funcionar. Pero, ¿de dónde viene la corriente que llega a estos aparatos?

La corriente eléctrica que usas viene ya sea de pilas o de un tomacorriente. Las pilas contienen sustancias químicas que toman parte en reacciones químicas. Las reacciones químicas producen electrones que fluyen, o corriente. Cuando colocas una pila en una linterna, por ejemplo, las cargas fluyen desde la pila a través de los alambres conectados al foco. La corriente suministra energía al foco y éste se enciende.

La fuente de electricidad que hace funcionar una linterna es una pila.

También obtienes electricidad de los tomacorrientes. La corriente llega a estos tomacorrientes desde una central eléctrica.

La mayoría de las centrales eléctricas queman carbón, petróleo o gas natural para producir electricidad. Algunas centrales eléctricas obtienen el calor de reacciones nucleares.

Las centrales eléctricas que suministran electricidad a tu casa producen grandes cantidades de energía, que es bueno. Pero también contaminan el aire y consumen combustibles fósiles valiosos, que es malo. Las centrales de energía nuclear también producen mucha energía. Pero generan desperdicios nucleares, lo que es un problema. Existen formas más limpias de producir electricidad, como lo muestran las fotos. Esperemos que estas alternativas de electricidad pronto estén disponibles.

Los generadores solares recogen la energía del Sol y la transforman en electricidad.

Las centrales geotérmicas usan la energía del calor en lo profundo de la Tierra para producir electricidad.

Los generadores eólicos transforman la energía del aire que se mueve, es decir el

Cómo llega la electricidad a tu casa

Las centrales eléctricas toman la energía de combustibles fósiles, reacciones nucleares o fuentes alternativas como las olas y la convierten en energía eléctrica. Entonces distribuyen la energía eléctrica a las casas y fábricas donde pueda usarse. ¿Cómo se hace esto?

La corriente eléctrica viaja a través de cables de alta tensión que provienen de una central eléctrica. La corriente sale de la central con un voltaje muy alto. Pero no lo suficientemente alto. El voltaje debe aumentar a un nivel aún mayor para que la corriente pueda recorrer grandes distancias sin perder mucha de su valiosa carga: energía eléctrica.

El problema es que la corriente a tan alto voltaje es peligrosa. Por eso se debe cambiar, o transformar, a un voltaje menor. Un dispositivo llamado **transformador** lo hace. Los transformadores suben o bajan el voltaje.

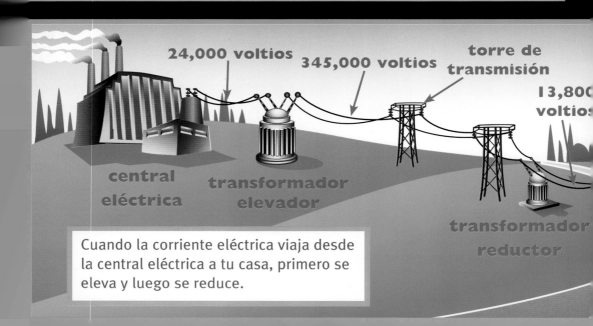

24,000 voltios

345,000 voltios

torre de transmisión

13,800 voltios

central eléctrica

transformador elevador

transformador reductor

Cuando la corriente eléctrica viaja desde la central eléctrica a tu casa, primero se eleva y luego se reduce.

Un transformador consiste en alambres enrollados para formar bobinas y conectados a un conductor. Hay una bobina de entrada, llamada primario. También hay una bobina de salida, llamada secundario. El voltaje que sale del secundario se "eleva" (aumenta) o "reduce" (disminuye) en comparación al primario.

Existe una relación entre el número de vueltas del alambre en el primario y el secundario y el voltaje que entra y sale del transformador. La relación es:

$$\frac{\text{voltaje primario}}{\text{número de vueltas del primario}} = \frac{\text{voltaje secundario}}{\text{número de vueltas del secundario}}$$

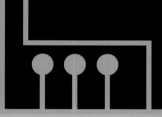

110 o 220 voltios

¡RESUÉLVELO!

10 Supón que un transformador tiene un primario con 100 vueltas y un secundario con 200 vueltas. Si se aplica un voltaje de 100 voltios en el primario, ¿Cuál será el voltaje de salida en el secundario? ¿Es un transformador elevador o reductor?

Potencia y energía

La corriente proporciona energía que se usa de distintas maneras. Puede hacer funcionar un aparato de aire acondicionado, un videojuego o las aspas de un ventilador. ¿Todos los distintos aparatos usan cantidades iguales de energía eléctrica? No, calentar tu casa necesita mucha más energía que encender una lámpara, por ejemplo.

La **potencia eléctrica** es la cantidad de energía que fluye por un circuito en un período de tiempo determinado. Es la medida de qué tan rápido se suministra la energía eléctrica. La potencia eléctrica se mide en **vatios**. Para medir grandes cantidades de potencia, se usa el **kilovatio**. Un kilovatio equivale a 1,000 vatios.

¡PRIMICIAS FAMOSAS!

James Watt, famoso por ser el casi inventor de la máquina de vapor, nació en Escocia en 1736. Watt fue un niño enfermizo. Al no poder asistir a la escuela con regularidad, se convirtió en su propio maestro. Mostró tener talento para las matemáticas y un gran interés por el funcionamiento de las máquinas.
Por esa razón, inició un negocio para fabricar instrumentos matemáticos.

En 1763, le enviaron uno de los primeros modelos de máquina de vapor para que lo reparara. Mientras hacía su trabajo, enseguida descubrió cómo podía hacer más eficaz la máquina. La versión de Watt de la máquina de vapor rápidamente se hizo popular, reemplazando el modelo anterior. Después mejoró de nuevo su diseño de la máquina. Pronto, las máquinas patentadas de Watt se usaron para muchas clases de trabajo industrial.

Watt murió siendo un hombre rico a la edad de 84 años. La unidad de potencia, el vatio, se llama así en su honor.

La energía y la potencia eléctricas está relacionadas por la fórmula siguiente:

energía eléctrica = potencia eléctrica × tiempo

Las compañías eléctricas cobran a sus clientes de acuerdo a la cantidad de energía que consumen. La unidad usada para medir la energía eléctrica es el **kilovatio hora**. Un kilovatio hora es la energía consumida en una hora si la potencia eléctrica es 1 kilovatio. Por lo tanto, si una compañía cobra 10 centavos por kilovatio hora, un foco eléctrico de 100 vatios puede funcionar durante 10 horas con un costo de 10 centavos ó 1 centavo por hora. Una tostadora o una plancha usan más energía y potencia eléctrica que un foco, por lo que cuesta más usarlas.

¡RESUÉLVELO!

11 Supón que una compañía eléctrica cobra 9¢ por kilovatio hora. ¿Cuánta energía usa una secadora eléctrica de 3,600 vatios que funciona por dos horas? ¿Cuánto cuesta eso?

```
ELECTRIC USE - RATE EL1   RESIDENTIAL


09/23/03 reading (Actual).......   36643
08/22/03 reading (Actual).......  -36421

Total KWH used in  32 days......    222


CHARGES FOR ELECTRICITY USED

Basic service charge:              $10.89
   (does not include usage)
           KWH    COST/KWH
First    222.0 @ 10.0000¢           22.00
Adjust. Factor @  1.5450¢            3.43
Sales tax @  2.5000%                 .91




CURRENT ELECTRIC CHARGES          $37.23
```

CAPÍTULO 5

Ahorrar electricidad

La electricidad nos permite tener una vida más larga, más saludable y más agradable. Pero hay un precio. Como ya leíste, mucha de la electricidad que usamos proviene de quemar los escasos combustibles fósiles. Otras fuentes de electricidad generan contaminación y desperdicios tóxicos. Y, otras no están disponibles a gran escala.

El sentido común nos dice que debemos usar la electricidad de manera inteligente.

Debemos ahorrar ahora para que las generaciones futuras puedan disfrutar los beneficios que tenemos sin daños graves al medioambiente. Estos son algunos consejos para ahorrar energía:

• Apaga todas las luces cuando salgas de un cuarto.
• Apaga el televisor, el radio y la computadora cuando hayas terminado de usarlos.
• Pide a tus papás que usen "luces fluorescentes compactas" especiales. Éstas sólo usan el 25 por ciento de la energía de los focos normales.

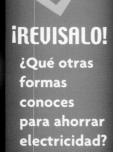

¡REVISALO!

¿Qué otras formas conoces para ahorrar electricidad?

Las luces fluorescentes compactas (derecha) usan alrededor de 1/4 de la energía de un foco normal (izquierda). Para ahorrar la máxima energía, usa estas luces en lámparas que estén encendidas por varias horas seguidas, como las lámparas para leer.

¡RESUÉLVELO!

12 Analiza esta gráfica de barras. Haz una lista de los aparatos ue usas. ¿Cuáles son los 5 mayores consumidores de elctricidad en tu lista?

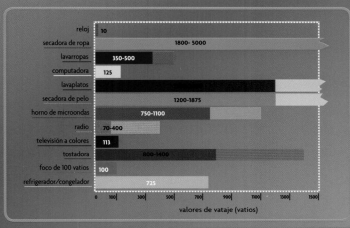

reloj	10
secadora de ropa	1800- 5000
lavarropas	350-500
computadora	125
lavaplatos	
secadora de pelo	1200-1875
horno de microondas	750-1100
radio	70-400
televisión a colores	113
tostadora	800-1400
foco de 100 vatios	100
refrigerador/congelador	725

0 100 300 500 700 900 1100 1300 1500

valores de vataje (vatios)

La mayor parte de la electricidad que usas en tu casa es para hacer funcionar aparatos que consumen mucha electricidad. Pero el consumo de energía puede reducirse al comprar aparatos con la etiqueta ENERGY STAR®.

Los aparatos ENERGY STAR® han sido reconocidos por la Agencia de Protección del Medioambiente y el Departamento de Energía de los Estados Unidos como los productos con la mayor eficiencia energética de su clase.

Esta etiqueta sólo aparece en los aparatos con la mayor eficiencia energética.

Para ahorrar electricidad encuentra dónde se producen las mayores pérdidas de energía en tu casa.

CAPÍTULO 6

Seguridad eléctrica

Siempre debes usar la electricidad con mucho cuidado porque puede ser muy peligrosa. Uno de los mayores peligros de la electricidad es el fuego; el otro es la descarga eléctrica.

Todos los alambres tienen cierta resistencia. Esto ocasiona que se pierda algo de energía eléctrica cuando la corriente fluye por ellos. La energía eléctrica "perdida" se convierte en calor y los alambres se calientan. Si fluye demasiada corriente por los alambres, se produce demasiado calor y se puede producir fuego.

Si muchos aparatos están conectados en el mismo circuito y se usan al mismo tiempo, puede fluir demasiada corriente y producir fuego. Para prevenir esto, todos los circuitos deben tener **fusibles** o **interruptores automáticos**. Estos son dispositivos que producen una interrupción en la trayectoria conductiva cuando fluye demasiada corriente. Entonces se detiene la corriente, se apagan los aparatos y se previene el fuego.

Los fusibles y los interruptores automáticos protegen los circuitos eléctricos.

¡ES UN HECHO!

Los circuitos en las casas por lo regular tienen interruptores automáticos que se abren cuando la corriente es mayor a los 15 ó 20 amperios. La mayoría de las luces y los aparatos utilizan sólo algunos amperios. Pero los calentadores y las secadoras de pelo pueden utilizar 10 ó más amperios. Si usas demasiados aparatos al mismo tiempo, podrías "fundir un fusible".

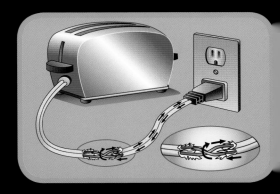

La corriente fluye por la trayectoria no planeada que forman los alambres al cruzarse.

¡RESUÉLVELO!

3 Usa la Ley de Ohm, corriente = voltaje ÷ resistencia, para demostrar por qué fluye más corriente por un circuito de baja resistencia que por un circuito de alta resistencia.

Se puede producir fuego cuando hay un **cortocircuito**. Un cortocircuito es una trayectoria no planeada para la corriente y que tiene muy poca resistencia. Puede suceder cuando dos alambres conectados a un aparato se tocan antes de llegar al aparato.

Los alambres que entran y salen de la tostadora se cruzan antes de llegar a la tostadora. La corriente toma la trayectoria de resistencia más baja, donde se unen los alambres, y regresa a su origen, sin llegar a la tostadora. Este cortocircuito tendría muy poca resistencia por lo que una corriente grande fluiría por él. El circuito se calentaría con rapidez y podría arder.

Los cordones eléctricos por lo general están recubiertos con aislante para prevenir que se toquen los alambres en su interior. Si el aislante se daña, puede haber un cortocircuito. En este caso un fusible o un interruptor automático debe cortar la corriente en el circuito. Si los fusibles o interruptores automáticos están defectuosos, existe el riesgo de un incendio. Por lo que se debe reemplazar los cables que tengan el aislante dañado.

Evita una descarga eléctrica

¿Cuál es la causa de una descarga eléctrica? La descarga eléctrica es causada por la corriente que pasa por tu cuerpo. La corriente sobrecalienta los tejidos del cuerpo y puede alterar el centro nervioso que controla tu respiración y el ritmo normal de tu corazón.

Muchas personas mueren cada año por sujetar algún aparato eléctrico común mientras estaban en contacto con el agua. El agua es un buen conductor. Si estás mojado, disminuye la resistencia eléctrica de tu cuerpo. La corriente puede fluir del aparato a través de tu cuerpo hasta el agua. Esta es la razón por la que nunca debes usar aparatos eléctricos o tocar fuentes de electricidad como los tomacorrientes mientras estás en contacto con el agua.

¡RESUÉLVELO!

14 Una niña quiere tocar su guitarra eléctrica. No se da cuenta que el aislante del cable eléctrico de su guitarra está raído. Cuando conecta la guitarra en el tomacorrientes recibe una descarga eléctrica. La corriente en su cuerpo llega a 0.012 amperios. ¿Cuál es el efecto en su cuerpo?

Efectos de una descarga eléctrica en el cuerpo humano

Corriente (amperios)	Efecto
0.001	efecto puede sentirse
0.005	dolor
0.010	espasmos musculares
0.015	pérdida de control muscular
0.070	probablemente letal si la corriente dura más de 1 segundo

¡ES UN HECHO!

La diferencia de voltaje entre una nube y el suelo donde cae el relámpago está entre 10 millones y 100 millones de voltios. Una descarga eléctrica de esta intensidad puede calentar el aire circundante a unos candentes ¡30,000°C!

Un alambre que está conectado a una fuente de voltaje se llama alambre vivo. Nunca toques un alambre vivo. Si lo haces, la corriente pasará por tu cuerpo a tierra. Te convertirás en parte de un circuito, ¡una experiencia estremecedora! Dependiendo del voltaje, podría ser letal.

Los cables de alta tensión llevan la corriente a un voltaje alto. A menudo estos cables no están aislados. En ocasiones caen al suelo durante una tormenta. Un cable de alta tensión caído es un alambre vivo extremadamente peligroso y debes alejarte de él. Repórtalo con la policía o los bomberos.

Un relámpago es impresionante. Pero cerca de 100 personas en los Estados Unidos mueren cada año por causa de los relámpagos. Muchas otras resultan con heridas graves. Así que, recuerda las medidas de seguridad para los relámpagos:

- No te quedes al aire libre. Entra en una casa o un carro.
- Si estás afuera, ponte en cuclillas pero no te acuestes. Tus zapatos son aislantes por lo que pueden proporcionarte algo de protección contra las cargas que circulan por el suelo. Aléjate de los árboles altos.
- No uses aparatos eléctricos ni el teléfono.
- No te acerques al agua.

Electricidad . . . úsala, disfrútala, ahórrala y trátala con respeto. ¡Es una poderosa fuerza!

Respuestas para ¡Resuélvelo!

1. **Página 3** Las respuestas variarán.

2. **Página 5** a. 79 electrones;
b. Tendrá carga positiva.

3. **Página 7** El peine tendrá carga negativa; el pelo tendrá carga positiva.

4. **Página 8** a. 6 veces mayor;
3 veces mayor;
b. 4 a 2 ó 2 a 1; 4 a 12 ó 1 a 3

5. **Página 9** Las pilas duran más si se usan de vez en cuando. Todas las marcas de la tabla funcionan de esta manera.

6. **Página 11** corriente baja, voltaje bajo; b. corriente alta, voltaje bajo; c. corriente baja, voltaje alto; corriente alta, voltaje alto

7. **Página 13** 0.5 amperios

8. **Página 15** El foco que se agrega hace que baje la intensidad de todos los focos en el circuito.

9. **Página 17** La lámpara de 40 ohmios brillará con mayor intensidad.

10. **Página 21** 200 voltios; transformador elevador

11. **Página 23** 3,600 vatios x 2 horas = 7,200 vatios hora = 7.2 kilovatios hora. 7.2 kilovatios hora x 9¢ por kilovatio hora es aproximadamente 65¢.

12. **Página 25** Las respuestas variarán.

13. **Página 27** La Ley de Ohm señala que la corriente y la resistencia son inversamente proporcionales: mientras más baja sea la resistencia, mayor será la corriente.

14. **Página 28** De acuerdo con la tabla, la niña experimenta espasmos musculares.

Glosario

aislante	material que tiende a evitar que la corriente pase a través de él (pág. 9)
amperio	unidad de corriente (pág. 8)
circuito	camino conductivo por el que fluye la corriente (pág. 9)
circuito en paralelo	circuito que tiene más de una trayectoria para que fluya la corriente (pág. 16)
circuito en serie	circuito en el que sólo hay una trayectoria para que fluya la corriente (pág. 14)
conductor	material que permite a corriente pasar a través de él (pág. 8)
corriente eléctrica	flujo de cargas eléctricas (pág. 8)
cortocircuito	trayectoria no planeada para la corriente que tiene muy poca resistencia (pág. 27)
electricidad estática	carga eléctrica que se acumula en un objeto y no se desplaza (pág. 7)
electrón	partícula diminuta con carga que fluye para producir la corriente eléctrica (pág. 4)
fusible	dispositivo que previene un flujo excesivo de corriente en un circuito al fundirse si se presenta un exceso de corriente (pág. 26)
interruptor automático	dispositivo que previene el exceso de corriente en un circuito al producir una interrupción si se presenta un exceso de corriente (pág. 26)
kilovatio	1,000 vatios (pág. 22)
kilovatio hora	unidad de energía eléctrica (pág. 23)
Ley de Ohm	voltaje = corriente x resistencia (pág. 13)
ohmio	unidad de resistencia eléctrica (pág. 12)
potencia eléctrica	cantidad de energía suministrada en un tiempo determinado (pág. 22)
resistencia	oposición de un material al flujo de carga (pág. 12)
tensión	presión eléctrica (pág. 10)
transformador	dispositivo que aumenta o disminuye el voltaje (pág. 20)
vatio	unidad de potencia (pág. 22)
voltaje	diferencia en la tensión eléctrica que hace que fluya la corriente (pág. 10)
voltio	unidad de tensión eléctrica (pág. 10)

Índice